Elisabeth Sirtl / Lea Bachmaier

„Ich danke dir, das merk ich mir!“

Bilderbuch in Anlehnung an das Therapiekonzept „Wortschatzsammler“
von Motsch, Marks und Ulrich

Elisabeth Sirtl / Lea Bachmaier

„Ich danke dir, das merk ich mir!“

Bilderbuch in Anlehnung an das Therapiekonzept „Wortschatzsammler“ von Motsch, Marks und Ulrich

verlag modernes lernen

Unser Buchprogramm im Internet: www.verlag-modernes-lernen.de

Externe Links
Der Verlag weist ausdrücklich darauf hin, dass eventuell im Text enthaltene externe Links vom Verlag nur bis zum Zeitpunkt der Buchveröffentlichung eingesehen werden konnten. Auf spätere Veränderungen hat der Verlag keinerlei Einfluss. Eine Haftung des Verlages ist daher ausgeschlossen.

Online-Material zu diesem Buch

So einfach geht's
- Materialseite **verlag-modernes-lernen.de/buecher/online-material** aufrufen
- Buchcode eingeben und Download starten

Ihr Buchcode: **62f52ce1**

Veröffentlicht in der Edition:
verlag modernes lernen Borgmann GmbH & Co. KG
Schleefstraße 14 · D-44287 Dortmund

Gesamtherstellung in Deutschland: Löer Druck GmbH, Dortmund

Illustrationen: Elisabeth Sirtl
Schrift: Poppins, SF Wonder Comic Sans

Bestell-Nr. 1942 ISBN 978-3-8080-0919-2

Begleite Rocco den Hasen auf seiner Suche!

Es ist früh am Morgen.
Im Wald ist es ruhig und friedlich.
Die ersten Sonnenstrahlen scheinen durch die Äste.
Die hohen Bäume bewegen sich im Wind.
Die Blätter rascheln, und die Vögel singen ihre Lieder.
Die Tiere kriechen langsam aus ihren Betten und riechen die frische Waldluft.
Jeder genießt die Ruhe im Wald.

Doch was ist das?

Rocco der Hase rennt erschrocken durch den Wald.
Er sucht seinen besten Freund, Darius Dachs.

Da begegnet er dem Igel. „Wo kommst du denn her?“, fragt der Igel.
„Ich war gerade bei der Dings … Dings … Dings … Oh nein, oh nein, mir fällt das Wort nicht ein!“
Der Igel hat einen Tipp: „Das ist doch nicht schlimm. Versuche dein Wort zu beschreiben, vielleicht fällt es dir dann ein.“
Rocco überlegt: „Hm … Das ist ein Loch zwischen Steinen, da kann man rein gehen und es ist ganz dunkel … ich hab’s: eine Höhle.
„Ich danke dir, das merk ich mir!“
Rocco rennt weiter, um Darius zu finden.

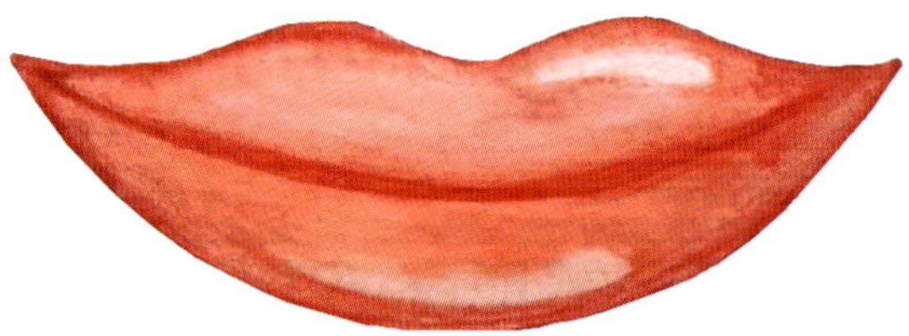

Auf einmal steht die Schnecke vor ihm: „Wo willst du denn hin?"
„Ich muss zu Darius, ihm meine Geschichte erzählen, bevor ich wieder ein Wort vergesse."
Die Schnecke hat einen Tipp: „Wenn ich mir ein Wort merken will, spreche ich es mir g-a-n-z l-a-n-g-s-a-m vor. Lass es uns zusammen versuchen."
„H-Ö-H-L-E, H-Ö-H-L-E."
„Ich danke dir, das merk ich mir!", und Rocco hoppelt weiter.

Plötzlich stellt sich das Reh in den Weg: „Vorsicht! Was ist denn mit dir los?"
„Ich war in einer Höhle und wollte einen äh … Oh nein, oh nein, mir fällt das Wort nicht ein!"
Das Reh hat einen Tipp: „Überlege dir, wie dein Wort anfängt."
Rocco versucht es: „Sch … Sch … Schaa … SCHATZ! Es hat geklappt:
Ich danke dir, das merk ich mir!"
Rocco sucht weiter nach Darius, als …

… das Vögelchen seinen Weg kreuzt: „Wohin rennst du?“
Rocco erzählt: „Ich suche Darius Dachs, ich muss ihm was erzählen.
Ich habe in einer Höhle einen äh … Schatz gesucht. Fast hätte ich das Wort schon wieder vergessen.“
Das Vögelchen hat einen Tipp: „Ich kenne einen Zaubertrick:
Sage das Wort dreimal nacheinander, dann kannst du es dir besser merken.“
Rocco will es gleich versuchen: „Schatz, Schatz, Schatz.
Ich danke dir, das merk ich mir!“
Und schon hoppelt der Hase weiter.

Die Maus sieht Rocco schon von weitem und winkt ihm zu:
„**FIEP** – wieso rennst du denn so schnell?“
„Ich muss meinen besten Freund finden“, entschuldigt sich Rocco der Hase, „ich laufe so schnell, dass ich fast über eine äh ... Oh nein, oh nein, mir fällt das Wort nicht ein.“
Auch die Maus hat einen Tipp für Rocco: „Weißt du wie dein Wort ungefähr klingt?“
Rocco überlegt: „Ich glaube es klingt so ähnlich wie ... murzel – purzel – furzel – ah ... WURZEL! Ich bin fast über eine Wurzel gestolpert!
Ich danke dir, das merk ich mir!“
Rocco macht sich wieder auf die Suche nach Darius.

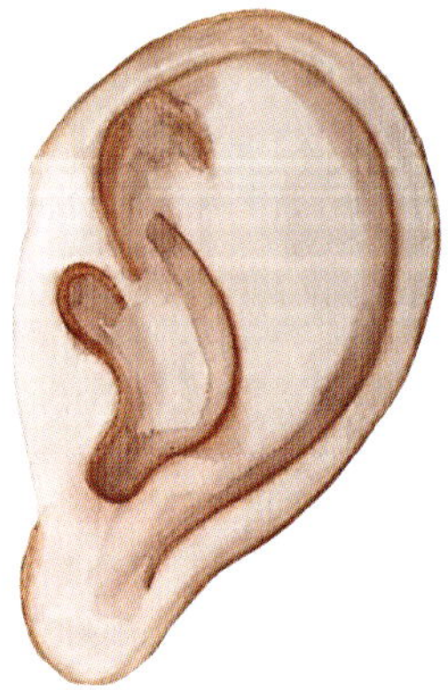

Auf einmal hört Rocco der Hase etwas: „**QUAK** – **QUAK**.
Wo kommst du denn her? – **QUAK**“
Ich war in einer Höhle und dann wäre ich fast über eine … Wurzel gefallen.
Das ist so ein schweres Wort.“
Der Frosch hat einen Tipp: „**QUAK** – wenn ich mir ein schweres Wort merken will,
dann hüpfe ich dabei hin und her. Komm mach mit!“
„Wur – zel, Wur – zel, Wur – zel.“
„Ich danke dir, das merk ich mir!“

Sil ben

Auf seiner Suche nach seinem besten Freund begegnet Rocco der Hase dem Eichhörnchen: „Hast du Darius Dachs gesehen?“, fragt Rocco, „ich muss ihm unbedingt von dem … äh Dingsbums erzählen.
Oh nein, oh nein, mir fällt das Wort nicht ein.“
Das Eichhörnchen hat einen Tipp für Rocco: „Gibt es Wörter, zu denen dein Wort passt, wo es dazugehört?“
Rocco denkt nach: „Es passt zu Schloss, Angst, Ketten, weiß, fliegen – es war ein Gespenst!
Ich danke dir, das merk ich mir!“
Schnell läuft Rocco weiter und sucht seinen besten Freund, Darius.

Endlich hat Rocco der Hase seinen besten Freund gefunden.
Schon von weitem ruft er ihm zu: „Darius, Darius ich muss dir was erzählen.
Du glaubst nie, was passiert ist:
Heute Morgen wollte ich in der Höhle im Wald einen Schatz suchen.
Aber in der Höhle war ein Gespenst und als ich davongelaufen bin, wäre ich fast über eine Wurzel gefallen."
Darius lacht. Er glaubt nicht an Gespenster.
„Komm und lass uns zusammen nach dem Schatz suchen."

Rocco und Darius gehen gemeinsam in die dunkle Höhle.
Auf einmal hören sie ein lautes Geräusch: **KNACK – ÄCHZ – GRRR.**
„Da ist das Gespenst“, ruft Rocco.
Die beiden bekommen Angst und wollen schon wieder aus der Höhle rennen, als jemand ruft: „Hallo, wer ist da?“
Darius und Rocco bleiben stehen: „Wer spricht da?“, wollen sie wissen.
„Bist du das Gespenst?“

HAHAHA – sie hören ein Lachen. Jemand kommt aus der Dunkelheit auf sie zu. Ängstlich, aber neugierig schauen Rocco und Darius, wer da kommt.
„Ich bin doch kein Gespenst. Ich bin eine Fledermaus.
Was macht ihr in meiner Höhle?"
Rocco erzählt von seinem Tag und all den Tieren, die ihm geholfen haben.
„Ich wollte nur einen Schatz finden", sagt Rocco traurig.
„Ich habe zwar kein Gold in meiner Höhle, aber ich glaube, du hast heute viele andere Schätze gefunden."
Rocco schaut die Fledermaus fragend an.
„Mit den Wörtern, die du heute neu gelernt hast, kannst du viele tolle Geschichten erzählen."

Rocco und Darius verabschieden sich und machen sich auf die Suche nach vielen neuen Wort-Schätzen.

Raum für Notizen

Praktische Handbücher für Ihre Therapie

Iris Adams / Veronika Struck / Monika Tillmanns-Karus

Kunterbunt rund um den Mund

Materialsammlung für die mundmotorische Übungsbehandlung

Dieses Buch wendet sich an PraktikerInnen, die nach Spielideen für das orofaziale Muskelsystem suchen. Das Suchen nach geeigneten, abwechslungsreichen Spielen gestaltet sich oft zeitaufwendig. Mit diesem systematisch aufgebauten Spielekatalog soll genau an diesem Punkt eine praktische Hilfe an die Hand gegeben werden. Die Übungen sind geordnet nach den Förderbereichen Lippe, Zunge, Gaumen, Kaumuskulatur und Kiefer. Weiter wird unterteilt nach den Kategorien Sensibilisierung und Kräftigung. Zu Beginn eines jeden Kapitels findet sich eine kurze theoretische Einführung zum Förderbereich. Weiterhin befinden sich acht phantasievolle Rahmengeschichten – für Gruppen konzipiert – in diesem Buch. Sie ermöglichen mehr Spaß und Motivation innerhalb des Therapiegeschehens. Eine Zielübersicht am Ende des Buches gewährleistet ein schnelles Auffinden von verschiedenen Übungen zu jeweils spezifischen therapeutischen Zielen im orofazialen Bereich.

9. Auflage, 152 S., Format 17 x 24cm, über 50 Fotos, Ringbindung, Alter: 3–10

ISBN 978-3-8080-0428-9 | Bestell-Nr. 1905 | 22,50 Euro

Petra Schuster

Funktionales Mundprogramm (FMP)

Nach einer kurzen theoretischen Einführung und der Darstellung der aktuellen logopädischen Forschungslage zum Thema Mundfunktionsstörungen widmet sich dieses Buch schwerpunktmäßig der Erläuterung der funktionalen Übungen des FMP. Diese Übungen orientieren sich am Padovan-Mundprogramm und arbeiten mit Teilen des von ihr empfohlenen Materials. Daher werden im theoretischen Teil in aller Kürze die therapeutischen Grundgedanken beschrieben. Das FMP stellt eine reine Mundfunktionstherapie dar, in der eine individuelle Auswahl und Anpassung der Übungen für den jeweiligen Patienten erfolgt. Dazu werden für jede Übung Parameter beschrieben, auf deren Basis eine Entscheidung über das weitere Vorgehen in der Therapie erfolgen kann. Der zweiseitige Dokumentationsbogen und das Heft sind als Kopiervorlagen zur schnellen Handhabung in der Praxis gedacht. Im Hausaufgabenheft werden alle Übungen kurz kindgemäß beschrieben und durch eine kleine Zeichnung ergänzt. Die in der Therapie vereinbarten Schritte, z.B. die Übungsdauer und Häufigkeit werden jeweils ergänzt.

3. Auflage, 64 S., mit Kopiervorlagen, Format 16x23cm, Ringbindung, Alter: ab 6

ISBN 978-3-8080-0731-0 | Bestell-Nr. 1934 | 16,95 Euro

Elke Rogge

Neurofunktions!therapie in der Praxis (NF!T®)

„Die Zunge hat keine Ohren!"

Nach diesem Buch sollten Sie greifen, wenn Sie auf der Suche nach einer einfach anzuwendenden und unglaublich vielfältig einzusetzenden Methode sind, die Ihnen bspw. bei einem der folgenden logopädisch relevanten Problemen hilft:

• Artikulationsstörungen (u.a. bei lateraler Artikulation) • verlegte Nasenatmung („Dauerschnupfen") • chronische Infekte der Nasennebenhöhlen • Hypersalivation • gestörte Saugegewohnheiten • Nägelkauen, Zähneknirschen • persistierender Beiß- oder Würgreiz • Septumdeviation • Nahrungsaufnahmestörungen • fehlende Blickgerichtetheit • Veluminsuffizienz • inkompetente Lippen • Recurrensparese, Facialisparese • Unterstützung der KFO-Behandlung und Verhinderung von Rezidiven nach der KFO-Maßnahme • Zur Therapie bei sehr kleinen oder behinderten oder nicht wachen Patienten • bei „Null-Bock"-Patienten …

Mit der NF!T® können Sie durch Veränderungen der Primärfunktionen des Mundes Ihre therapeutische Arbeit effektiver gestalten. Hier haben Sie endlich eine Methode, die – nach einer Einarbeitung – fast revolutionär einfach, wirksam, ohne „Nebenwirkungen" und dennoch (oder gerade deshalb?) nachhaltig ist

Die NF!T® ist für alle Altersgruppen geeignet, kein Patient ist zu jung oder zu alt! Sie ist als Komplettprogramm oder auch in Teilbereichen anwendbar. Sie bietet Ihnen einen außerordentlichen Übungspool an Möglichkeiten für Ihre Therapien. Und last, but not least: Die NF!T® bringt nebenbei allen Akteuren auch noch ganz viel Spaß! Und mit Spaß lernt jeder schneller und meist auch lieber!

In diesem Sinne wünschen wir Ihnen und Ihren kleinen und großen Patienten viele erfolgreiche, kurzweilige und fröhliche Therapien! Lernen Sie diese Therapie kennen, die ohne sprachliche Anweisungen auskommt und vielleicht sagen auch Sie bald: NF!T® is magic …!

› 4. Aufl. 2020, 272 S., 120 farbige Abb., Format 16x23cm, Ringbindung

ISBN 978-3-8080-0719-8 | Bestell-Nr. 1936 | 24,95 Euro

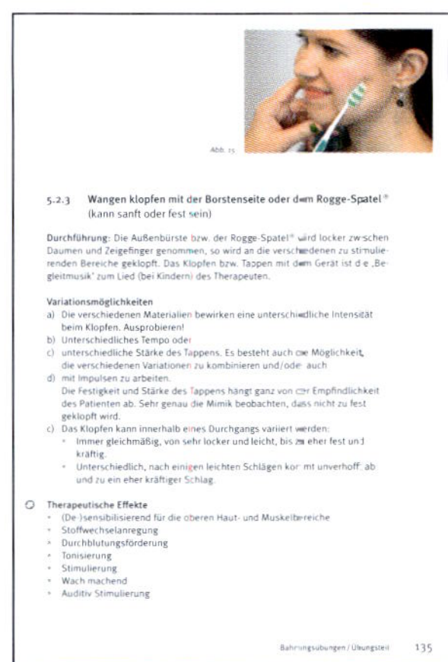

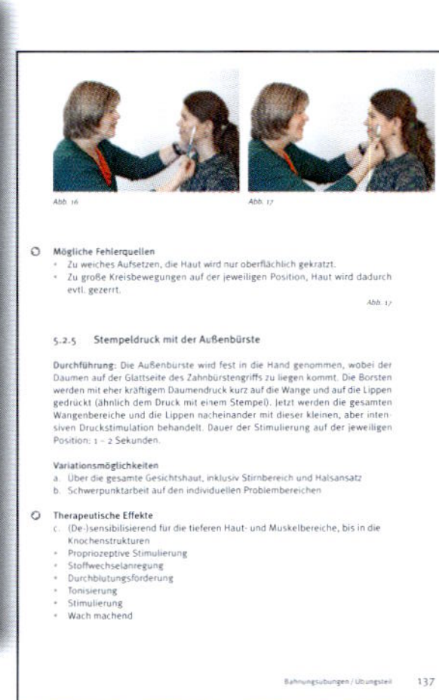

verlag modernes lernen

Schleefstraße 14, D-44287 Dortmund
Telefon 02 31 12 80 08, Fax 02 31 12 56 40
E-Mail: info@verlag-modernes-lernen.de
Leseproben und Bestellen im Internet: www.verlag-modernes-lernen.de

Spielend und fantasievoll fördern

Andreas Mayer

Blitzschnelle Worterkennung (BliWo)

Grundlagen und Praxis

„BliWo besteht aus zwei Förderprogrammen, die der Leser jedoch nicht aufeinander aufbauend betrachten muss. Er kann sie nacheinander und unabhängig voneinander einsetzen. Beim ersten Programm liegt der Schwerpunkt auf dem Ausbau des Sichtwortschatzes, beim zweiten steht die Arbeit mit sinnfreien Graphemfolgen im Mittelpunkt. Der Ordner enthält neben einer sehr ausführlichen theoretischen Begründung des Lesetrainings viele sehr ansprechend gestaltete Spiele, Übungen und Arbeitsblätter, die die Kinder motivieren, sich immer wieder neu mit dem Wortschatz auseinanderzusetzen. Kopiervorlagen zum Ausdrucken bietet die beiliegende CD-ROM. Das Material kann in Grundschulen und Schulen zur Sprachförderung ab Mitte der 1. Klasse, in sonderpädagogischen Förderzentren und Schulen zur individuellen Lernförderung ab dem 2. Schulbesuchsjahr eingesetzt werden. Ergotherapeuten können das BliWo zur Unterstützung des Lerntrainings nutzen." Janine Illner, ergopraxis

3., überarbeitete Auflage, 272 S. (davon 200 Seiten Kopiervorlagen), Beigabe: Kopiervorlagen zusätzlich auf CD-ROM sowie kleine Übungsprogramme zur Verbesserung der Worterkennungsgeschwindigkeit, Groß-Format DIN A4, im Ordner, Alter: 6–10

ISBN 978-3-8080-0819-5 | Bestell-Nr. 9407 | 40,00 Euro

NEU

Andreas Mayer / Dana-Kristin Marks

Lesetricks von Professor Neugier

Förderung des Leseverständnisses durch die Vermittlung von Verstehensstrategien

Dieses theoretisch fundierte und empirisch evaluierte Leseverständnistraining vermittelt in 25 Fördereinheiten sechs Verstehensstrategien, für deren Effektivität die breiteste empirische Evidenz vorliegt (Bildhaftes Vorstellen, Aktivieren von Vorwissen, Vorhersagen treffen, Fragen stellen, Comprehension Monitoring, Zusammenfassen). Das Programm zielt auf SchülerInnen, die über eine ausreichende Lesefertigkeit verfügen, aber spezifische Schwierigkeiten mit dem Leseverständnis haben. Neben den 25 Unterrichtsstunden und allen für deren Umsetzung notwendigen Materialien beinhaltet das Manual theoretische Grundlagen und skizziert einige wichtige unterrichtliche Unterstützungsmaßnahmen.

2021, 256 S. (davon ca. 200 S. Vorlagen), farbige Abb., Beigabe: 120 S. Material als Download, Groß-Format DIN A4, im Ordner, Alter 9–13

ISBN 978-3-8080-0863-8 | Bestell-Nr. 1941 | 48,00 Euro

Claudia Heinzl / Verena Bartsch / Isabel Eckert / Lisa Weinfurtner

ProSL

Programm zum Sinnentnehmenden Lesen auf der Grundlage der Blitzschnellen Worterkennung (BliWo)

„Die Sätze mit den gehäuft auftretenden Signalgruppen wirken für die geübten LerserInnen zunächst befremdlich und entstellt. Für die ungeübten LeserInnen erleichtern sie aber das Satzverständnis und ermöglichen eine konzentrierte Reflexion über die Satzaussage, sodass eine schnellere und bessere semantische Erfassung von längeren Texten möglich ist. Die Übungssammlung bietet hierzu eine abwechslungsreiche Ergänzung." Bärbel Froese-Manthey, Logos

„Therapeuten und Pädagogen sollten ProSL über einen längeren Zeitraum hinweg durchführen, da die Geschichten und Texte aufeinander aufbauen und die Kinder sich erst mit dem Material vertraut machen sollten. Sie können das Programm in Form von Stationen- und Wochenplanarbeit sowie als Partnerarbeit einsetzen, und zwar sowohl im Klassen- und Förderunterricht als auch in der Therapie von Lesestörungen." Janine Illner, ergopraxis

288 S., über 200 Kopiervorlagen, Groß-Format DIN A4, im Ordner, Alter: 7–13 | **ISBN 978-3-8080-0757-0 | Bestell-Nr. 1939 | 40,00 Euro**

NEU

Elisabeth Sirtl / Lea Bachmaier

„Ich danke dir, das merk ich mir!"

Bilderbuch mit Begleitheft

Das Bilderbuch dient der Einführung von lexikalischen Lernstrategien in der Primarstufe und ist angelehnt an die Strategietherapie „Wortschatzsammler" von Motsch, Marks und Ulrich. Diese sollen Kindern helfen, ihre lexikalischen Lücken selbstständig zu identifizieren und auf vielfältige Weise zu schließen. Unterschieden wird zwischen Strategien, die auf unbekannte Wörter aufmerksam machen, die bei der nachhaltigen Speicherung von Wörtern helfen und denen, die den Zugriff auf bereits gelernte Wörter erleichtern sollen.
Das Bilderbuch kann als Grundstein für die Arbeit mit lexikalischen Lernstrategien im Unterricht genutzt werden. Dafür werden die Strategien in eine kindgerechte und motivierende Geschichte mit Rocco, dem Hasen, und Darius, dem Dachs, gebracht und mit ansprechenden Bildern untermalt. Die Tierillustrationen wurden vereinfacht und kindgerecht, aber gleichzeitig lebensnah gestaltet.
Der Text ist in seinem Aufbau und seiner Struktur einfach gehalten und somit für die Kinder leicht verständlich.
Das als Download zur Verfügung stehende Begleitheft erläutert Absichten und Möglichkeiten des Bilderbuches, gibt Erklärungen zu lexikalischen Lernstrategien sowie verschiedene Anregungen zum Einsatz des Buches im Unterricht.

Oktober 2021, 32 S. (Beigabe: 30 S. Begleitheft als Download), farbige Abbildungen, stabiles Papier, Groß-Format DIN A4, Ringbindung, Alter: 4–9

ISBN 978-3-8080-0919-2 | Bestell-Nr. 1942 | 18,80 Euro

vml verlag modernes lernen

Schleefstraße 14, D-44287 Dortmund
Telefon 02 31 12 80 08, Fax 02 31 12 56 40
E-Mail: info@verlag-modernes-lernen.de